Dai fondatori della
Sherlock Homes
Detective immobiliare

Geom. Davide Minissale
"Detective Immobiliare"

Architetto Vito Minissale

LA CASA GIUSTA

In 78 minuti

(se sai come smettere di cercarla)

Tutti i consigli per alleggerire il tuo carico di stress

e prepararti all'acquisto vincente.

NOTA: le testimonianze e le case history presenti in questo libro sono tutte vere; Tutti i diritti sono riservati. È vietata qualsiasi utilizzazione, totale o parziale, dei contenuti, ivi inclusa la memorizzazione, riproduzione, rielaborazione, diffusione o distribuzione dei contenuti stessi mediante qualunque piattaforma tecnologica, supporto o rete telematica, senza previa autorizzazione scritta di Davide Minissale.

INDICE

Prefazione

Ciao Ti ringrazio per aver preso in mano questo libro fra tanti. Lo so, la scelta non è facile e certamente ci sono letture più <<leggere>> che potresti fare. Quella che hai in mano, infatti, è una <<rieducazione>> alla compravendita immobiliare, nella quale la parte del cattivo la fa solamente la diffusa e ottusa ignoranza immobiliare radicata in Italia.

La mente è come un paracadute. Funziona solo quando è aperta..
(Albert Einstein)

Di una persona si dice che ha una "mente aperta" quando non si adagia su certezze prestabilite ma è pronta ad accogliere nuove idee. Una mentalità aperta verso le nuove iniziative è alla base del progresso di tutti i giorni.

Con l'avvento della tecnologia la società è diventata più frenetica e tantissime informazioni ormai passano tramite web. Le nozioni a risposta diretta sono molto utili ma altre invece necessitano di approfondimenti e verifiche che il web purtroppo non riesce a servire in modo esaustivo. Molti argomenti vengono ridotti ai minimi termini con indicazioni distorte su materie molto complesse e articolate. Siamo in un'era di privati tuttologi che con la loro ingenuità di consapevolezza si ritrovano a gestire situazioni delicate in piena autonomia rimpiangendo il loro operato e colpevolizzando gli altri per la poca chiarezza oggettiva dei fatti reali.

Grazie a questo libro avrai la conoscenza degli strumenti fondamentali che ti occorrono per un acquisto vincente nella giungla immobiliare in cui viviamo.

Inevitabilmente nel mio intento di migliorare la vita delle persone che desiderano acquistare una casa ideale, quella giusta, ho dato vita ad una nuova figura immobiliare, un ramo del *property finder* già complementare all'agente immobiliare tradizionale, destinata a colmare le lacune presenti nell'intermediazione immobiliare italiana.

Conserva questo libro perché stai per essere testimone di una rivoluzione.

Il tuo Detective Immobiliare
Geom. Minissale Davide

1. Determinazione all'acquisto

Per acquistare l'immobile giusto bisogna essere determinati e pronti. Bisogna volerlo acquistare ieri non il prossimo anno. Non dico di aver fretta nel decidere perché in fase di valutazione bisogna ponderare le alternative, ma dobbiamo essere determinati a voler scegliere.

Si deve essere nella condizione di reale desiderio della casa giusta. Si devono conoscere chiaramente le caratteristiche essenziali che si desiderano. Tutte le persone che hanno un qualsiasi potere decisionale devono essere d'accordo sui punti fermi, quindi moglie, marito, figli, suocero/a, parenti, ecc..., praticamente chi vivrà all'interno della casa e chi in qualsiasi modo contribuirà economicamente all'acquisto.

Queste persone che determinano l'acquisto, dovranno essere coinvolte anche nella fase di valutazione e decisione, se non vogliamo distruggere il rapporto familiare come un castello di sabbia che viene spazzato via dal mare.

2. Consultazione delle quotazioni immobiliari

Per una valutazione e stima indicativa della casa di tuo interesse è possibile consultare sul sito dell'Agenzia delle Entrate, la banca dati delle quotazioni immobiliari selezionando la provincia e il Comune di riferimento.

La consultazione delle Quotazioni OMI fornisce istruzioni chiare e dettagliate per la corretta consultazione dei dati pubblicati dall'Osservatorio del Mercato Immobiliare.

Le quotazioni immobiliari dell'ultimo semestre individuano, per ogni delimitata zona territoriale omogenea (zona OMI) di ciascun comune, un intervallo minimo/massimo, per unità di superficie in euro al mq, dei valori di mercato e locazione, per tipologia immobiliare e stato di conservazione.

Si avverte che nell'ambito dei processi estimativi, le quotazioni OMI non possono intendersi sostitutive della stima puntuale, in quanto forniscono indicazioni di valore di larga massima.

2.1. OICT – Osservatorio Immobiliare Città di Torino

Il mercato immobiliare relativo alla città di Torino è messo a disposizione sul sito dell'Osservatorio Immobiliare della Città di Torino – OICT consultabile all'indirizzo web www.oict.polito.it

Offre:

– le quotazioni semestrali e le elaborazioni statistiche per il segmento residenziale

delle 40 microzone della Città di Torino;

– il questionario multimediale "la tua casa" che offre, ai soli fini qualitativi, uno strumento

per poter valutare meglio le caratteristiche di un immobile;

– l'accesso al Geoportale OICT - Sistema integrato di gestione di banche dati georiferite che consente, anche dal punto di vista geografico, una veloce e chiara consultazione dei dati e delle elaborazioni prodotte dall'Osservatorio relative ai valori immobiliari di compravendita nell'ambito del Protocollo di Intesa e del Progetto di Allargamento dell'OICT.

E' uno strumento a servizio di enti pubblici e operatori privati, attivo dal 2000 grazie alla collaborazione tra il Politecnico di Torino, il Comune di Torino e, dal 2007, la Camera di commercio, agricoltura e artigianato di Torino.

Grazie a professionalità specializzate OICT si presenta oggi come uno strumento cardine di conoscenza, monitoraggio e analisi delle dinamiche, della struttura, delle caratteristiche del mercato immobiliare, a supporto delle attività di gestione e pianificazione del territorio, in grado di garantire un maggiore livello di trasparenza del mercato immobiliare.

OICT vanta oggi un vasto patrimonio informativo, organizzato in banche dati e gestito tramite un Sistema Informativo Territoriale.

Aldilà delle quotazioni immobiliari suggerite dai menzionati osservatori, sarà la stima effettuata da un tecnico professionista a rappresentare e descrivere in maniera esaustiva e con piena efficacia l'immobile e motivare il valore da attribuirgli.

A tal fine esiste un processo specifico utilizzato per determinare il valore corrente di mercato di una proprietà in base alle vendite recenti di proprietà comparabili nella zona.

L'approccio di confronto delle vendite è la base per il CMA Analisi di mercato comparativa del settore immobiliare.

3. *Market Comparison Approach*

Il criterio comparativo di mercato, detto Sales Comparison Approach od anche Market Comparison Approach utilizza i dati di immobili comparabili oggetto di transazioni recenti, per stimare il valore di un immobile.

Le radici del MCA risalgono ai primi decenni del novecento negli Stati Uniti quando nel corso di una causa per l'attribuzione di valori a degli immobili, il magistrato chiese ai consulenti di provare la congruità dei valori stimati mediante la produzione in giudizio di prezzi reali di compravendite concluse per immobili simili a quelli da stimare.

Con il termine Market Comparison Approach, si definisce solitamente una procedura di comparazione sistematica eseguita da un tecnico professionista (Geometra o Architetto) applicata alla stima degli immobili per determinare il più probabile valore di mercato. Una procedura tecnico scientifica che prende come termine di paragone le loro caratteristiche tecnico-economiche.

Il principio base su cui si fonda il procedimento, consiste nella considerazione che il mercato fisserà il prezzo per un immobile allo stesso modo in cui ha già determinato il prezzo di immobili simili, dato per scontato che un compratore non è disposto a pagare per un immobile sostituibile con altri simili un prezzo più alto di quello già determinato nello stesso mercato per un immobile con le stesse caratteristiche.

La procedura di Market Comparison può essere applicata a tutti gli immobili, a patto che si possa rilevare un numero sufficiente di transazioni immobiliari recenti. Tre o quattro rilevazioni di transazioni recenti sono ritenute sufficienti per un risultato accettabile in termini di valutazione immobiliare.

L'applicazione di questo tipo di processo tecnico, comporta in primo luogo un aggiustamento dei prezzi di vendita degli immobili. Tali aggiustamenti sono costituiti dai prezzi marginali delle caratteristiche immobiliari e possono essere stimati con i tradizionali criteri di stima ed espressi sia in termini di percentuale che in termini di valore.

Questo tipo di procedura si articola in diverse fasi:

- analisi del mercato per la rilevazione dei contratti recenti di immobili appartenenti allo stesso segmento di mercato

- rilevazione dei dati immobiliari completi

- scelta delle caratteristiche immobiliari

- compilazione della tabella dei dati

- analisi dei prezzi marginali

- redazione della tabella di valutazione

- sintesi valutativa e presentazione dei risultati

Le prime tre fasi sono riconducibili alla rilevazione dei dati e la scelta delle caratteristiche, mentre le fasi restanti riguardano la redazione del rapporto di valutazione.

Le variabili più importanti da prendere in considerazione in relazione agli immobili a destinazione residenziale sono note. Il Protocollo d'Intesa1 siglato nel giugno 2006 fra Politecnico di Torino, Comune di Torino, Camera di commercio industria, artigianato e agricoltura di Torino e le principali associazioni di mediazione e dei costruttori ha individuato in una serie di parametri le caratteristiche fondamentali che maggiormente influenzano il mercato e ha fornito alcune indicazioni per la loro determinazione.

Non mi dilungo oltre nel mostrarti il processo esecutivo di questo metodo sviscerando formule e tabelle altrimenti trasformerei il capitolo in una lezione di estimo, ma come avrai intuito il professionista del settore immobiliare utilizza il processo MCA per aiutare gli acquirenti a determinare se il prezzo di una casa è equo e in linea con l'attuale attività di mercato.

Per i più impavidi invito ad approfondire questo argomento nei capitoli 6-7-8 di "Valutazione Immobiliare Standard" di Marco Simonotti. Un'opera che affronta per la prima volta l'argomento secondo schemi orientati all'applicazione integrale degli Standard Valutativi Internazionali.

4. *Uno sguardo al Budget*

Ora parliamo di Soldi!

Per acquistare la casa giusta dobbiamo guardare anche il portafoglio perché l'obiettivo è correlato a quanto vogliamo e possiamo spendere.

Si deve conoscere perfettamente:

- quanta liquidità si intende utilizzare con le proprie risorse;
- l'importo finanziabile dall'istituto di credito emerso dalla delibera reddituale.

Questi due elementi sono essenziali per definire concretamente il budget d'acquisto.

Possiamo considerare che gli istituti di credito tendono a non dare più dell'80% del valore di acquisto, elevabile fino al 100% qualora vengano offerte garanzie aggiuntive, quali ad esempio polizze fideiussorie assicurative. Quindi per la restante parte e le spese accessorie, bisognerà provvedere direttamente con i propri capitali.

Per conoscere indicativamente la rata che potrai destinare al mutuo, c'è una regola molto semplice da tenere a mente, questa prevede che la rata non superi il 30-35% del reddito mensile netto.

Se ad esempio il tuo stipendio è di 2.000 euro al mese, sicuramente non potrai ottenere una rata mensile superiore a 600-700 euro.

A questo conteggio vanno ancora sottratti eventuali importi mensili destinati ad ulteriori finanziamenti.

Se il mutuo ha più intestatari, il conteggio è il medesimo, considerando il reddito di tutti.

Questo perché la banca vuole assicurarsi che gli intestatari del contratto, hanno sempre del denaro sufficiente per vivere, nonostante la rata del mutuo.

Diversamente, il rischio di mancato pagamento del finanziamento, sarebbe molto elevato e la banca potrebbe esporsi al rischio di non vedere rientrare la somma erogata (vedi la crisi finanziaria dei mutui *subprime* che ebbe inizio negli Stati Uniti nel 2006).

Se invece intendiamo acquistare un immobile da ristrutturare, dobbiamo fare una previsione economica anche di quanto possiamo destinare a questo intervento.

Anche quest'ultimo può essere in parte finanziabile o con un prestito di durata massima 10 anni o con un mutuo ristrutturazione dando però ulteriori garanzie.

5. Caratteristiche della Casa giusta

Illumina la tua fantasia, immagina la casa dei tuoi sogni.......
aspetta aspetta, facciamo prima un piccolo giochino e
seguimi in questo percorso.

Prova ad immaginare la tua casa attuale, prendi un foglio
di carta e dividilo in due, su un lato fai l'elenco di tutti i locali
della casa. Inserisci anche eventuali ripostiglio, cantina,
lavanderia, box auto, ascensore, piscina, giardino ecc…,
nell'altro indica per ogni ambiente quello che più ti irrita, in
termini di spazio, esposizione, impianti, rumore, consumo
energetico, pavimenti, rivestimenti, serramenti, stato di
manutenzione ecc..

....

....

Ora che hai sotto mano quali sono tutti gli elementi che
vorresti modificare della tua casa attuale, ti verrà più
semplice costruire un'idea di casa ideale.

Parti dalle caratteristiche del luogo, quindi posizione geografica (collina, centro, zona specifica), comoda ai servizi, in zona tranquilla, vicino al mercato, vicino alla metro, vicino al politecnico, fai tutte le valutazioni del caso, questo primo passo è fondamentale, stai definendo quelle che saranno le caratteristiche "estrinseche" della tua casa giusta.

Passiamo alle caratteristiche definite tecnicamente "intrinseche" cioè, anno di costruzione, tipologia (villa indipendente, semi-indipendente, appartamento, cascina), dotata di ascensore, stato di conservazione dello stabile, giardino privato, giardino condominiale, servizio di portineria, piscina, vano scala signorile, piano attico, piano terra, piano alto, vista panoramica, tavernetta, mansarda, lavanderia, ripostiglio, bagno in camera, doppio servizio, studio, numero di camere, sala e cucina o soggiorno living, riscaldamento a pavimento, caldaia autonoma, serrande motorizzate, domotica dell'impianto elettrico, vasca idromassaggio, doccia grande in resina a filo pavimento, sanitari sospesi, impianto antifurto volumetrico e perimetrale, impianto di condizionamento, autorimessa, doppia autorimessa ecc...

Ora che avete chiaro qual è il vostro modello di casa che fa al caso vostro, elencate i fattori che volete siano fermi e stabili, quelli che sono veramente condizionanti l'acquisto della casa.

In ultimo elencate i fattori che vi piacerebbe avere ma che in tutti i casi non sono vincolanti per la scelta finale.

Benissimo, una volta eseguiti questi piccoli esercizi, avrete fatto molta chiarezza sulla vostra casa giusta e quindi sarà già più vicina a voi.

Se sei riuscito a leggere fin qui allora fai una pausa, rilassati, prenditi un caffè perché ti sto per svelare i segreti per una ricerca meticolosa della casa giusta.

6. *Ricerca invasiva*

Pronti, partenza e viaaa.....

Dopo un'analisi specifica, accurata e dettagliata delle esigenze abitative, raccogli le informazioni dell'immobile desiderato in una scheda personale.

Da qui incomincia il lavoro "sporco" che ti sveliamo in 12 attività di ricerca mirata nella zona obiettivo:

1. **consultazione quotidiana** delle inserzioni presenti nei portali immobiliari, tutti;

2. **inserimento della ricerca nei portali** ed attivazione di decine di segnalazioni incrociate;

3. **preparazione di un documento** con la sintesi della ricerca;

4. **invio per mail del documento** con la sintesi della ricerca a tutte le agenzie di zona;

5. **consegna a mano del documento** a tutte le agenzie presenti fisicamente nella zona-obiettivo;

6. **consegna a mano del documento** alle attività

commerciali (negozi, pubblici esercizi) presenti nella zona-obiettivo;

7. **contatto telefonico immediato** degli inserzionisti di immobili idonei;

8. **contatto telefonico immediato** delle agenzie segnalate giornalmente dai portali immobiliari;

9. **costante attività di sollecitazione** alle agenzie volta a individuare eventuali <u>immobili in vendita ma non pubblicizzati</u>;

10. **estrapolazione da internet** dei dati di contatto degli studi professionali che trattano il tema "immobiliare" (geometri, architetti, ingegneri ed amministratori di condominio) nella zona-obiettivo;

11. **attività di telemarketing** sulla lista degli studi professionali per sensibilizzarli alla ricerca e successivo invio del documento di sintesi;

12. **attività di direct-marketing** con gli abitanti, in modo da fare notizia nella zona-obiettivo, individuando così gli

immobili non pubblicizzati dalle agenzie ma comunque indirizzati alla vendita.

In pratica, oltre l'offerta tradizionale delle case in vendita si devono analizzare:

- ✓ gli immobili in possesso delle agenzie immobiliari ma non pubblicizzati;
- ✓ quelli in vendita direttamente da privati;
- ✓ il portafoglio in mano alle imprese edili;
- ✓ quegli immobili che hanno le caratteristiche che cerchi ma non sono in vendita, o almeno non ufficialmente.

A questo punto, si devono passare a setaccio le proposte immobiliari derivanti dalle varie attività, analizzandole a tavolino e verificando elementi positivi e negativi per decidere quali immobili visionare personalmente. Tutte queste attività non vengono svolte da un'agenzia immobiliare tradizionale, perché detto in modo cristallino, *non* lavorano per chi come te deve acquistare.

Quindi, se vuoi essere certo di analizzare quasi il 100% del mercato immobiliare e trovare la casa giusta, dovresti farle tutte tu, oppure ...

scoprilo nei capitoli successivi.

7. Il post ricerca

Dovrai avere a disposizione tutti i dati con informazioni chiare e dettagliate, affinché potrai decidere con consapevolezza se l'immobile merita un tuo sopralluogo.

Quindi in alcune settimane andrai a visionare tutti gli immobili selezionati che apparentemente sono mirati a soddisfare le caratteristiche fondamentali cercate.

Se con questi immobili hai fatto centro e quindi c'è la casa desiderata, dovrai passare alla fase di controllo di tutta una serie di documenti importantissimi per poter procedere alla valutazione della trattativa e presentare una concreta proposta d'acquisto.

8. Verifiche e Controlli essenziali

Quali sono le verifiche e controlli da fare prima di firmare un qualsiasi preliminare di compravendita?

Di seguito ti ho riportato un elenco dei documenti più rilevanti da verificare:

"mi raccomando! in caso non riuscissi a verificare qualche documento per diversi motivi, subordinate la proposta di acquisto in maniera sospensiva, in modo da farla diventare efficace solamente se si verificano le condizioni pattuite"

Planimetria Catastale:
la planimetria catastale è un documento presente in qualsiasi atto di compravendita di una casa anche se è un documento non probatorio in quanto tutto l'archivio catastale non lo è. La planimetria è un disegno in pianta dove sono indicati tutti gli ambienti della casa e questi devono essere perfettamente uguali alla reale situazione. Perché? Perché è in base alla planimetria catastale che si

calcola la rendita catastale cioè la base imponibile per la determinazione dell'IMU. In caso di differenze fra la planimetria e lo stato di fatto della casa il contratto è nullo, quindi non valido.

"Attenzione, il notaio fa dichiarare al venditore e all'acquirente che la planimetria è uguale alla casa, quindi non esegue il controllo sul posto."

Visura Catastale:
qui dobbiamo verificare che il nome del proprietario che trovi sulla visura catastale, sia uguale a quello che trovi sull'atto di provenienza. Inoltre dobbiamo controllare il numero dei vani, la rendita, la categoria, la classe, l'indirizzo e i dati identificativi della casa, cioè Foglio, Particella e Subalterno.

E' obbligatorio per Legge che i passaggi di proprietà siano registrati sia in Conservatoria dei Registri immobiliari che in Catasto quindi i nominativi devono essere uguali.

"Il notaio controlla solo i nominativi, ed è responsabile di questo documento, ma il controllo viene eseguito al momento del contratto definitivo (atto di compravendita), se trova problemi non può stipulare. Quindi meglio prevenire."

Conformità urbanistica:
il Catasto Italiano è stato creato solo per scopi fiscali e non è probatorio, cioè non garantisce che quello che trovi nella planimetria catastale sia uguale a quello che è stato autorizzato dal Comune.

È importantissimo incaricare un Professionista (Geom. o Arch.) che vada in Comune a verificare progetti depositati della casa e poi vada in casa a fare un sopralluogo per verificare che non ci siano difformità.

La verifica dovrà riguardare anche gli estremi del certificato di agibilità in caso sia presente.

"Attenzione il notaio fa dichiarare al venditore che in casa non sono stati eseguiti lavori senza autorizzazione e quindi anche qui non controlla realmente."

Atto di provenienza:
è il documento con cui il venditore è diventato proprietario della casa. I principali atti di provenienza sono: atto di compravendita, successione o testamento, donazione.

L'atto di provenienza è l'unico documento che prova la proprietà della casa. Le persone indicate su questo documento sono quelle che realmente possono vendere la casa.

"Attenzione al fatto che, se la casa è intestata a più persone (per esempio in caso di una eredità) il contratto dev'essere firmato da tutti i proprietari.

Un caso particolare è rappresentato dalla donazione, su cui c'è da fare attenzione, perché è un atto revocabile, c'è quindi da tenere presente che su una casa ricevuta per donazione la banca è poco favorevole ad erogare un mutuo. "

Attestato di Prestazione Energetica (APE):

contiene la «targa energetica» che sintetizza le caratteristiche energetiche dell'immobile.

Questo documento è obbligatorio per legge negli atti di compravendita ed è un attestato che misura il consumo energetico della casa, per poterla riscaldare e raffrescare.

Serve per rendersi veramente conto quanto consuma la casa e che tipi di interventi bisognerebbe affrontare per ridurre il consumo ed aumentare le prestazioni energetiche.

I fattori più incisivi per il calcolo dell'attestato di prestazione energetica sono:

- la tipologia dei muri esterni;

- la tipologia di serramenti esterni;

- la presenza o meno di materiali isolanti;

- il tipo di impianto presente e la caldaia installata

Dichiarazione di conformità degli impianti:

non è obbligatorio che ci sia, pensiamo per esempio ad una casa da ristrutturare in cui gli impianti non saranno certo conformi, è importante però verificare se gli impianti sono a norma, perché eventualmente ne terremo conto in fase di trattativa per decidere il prezzo da offrire.

Visura Ipotecaria:

è un documento rilasciato dalla conservatoria dei registri immobiliari, in cui troverai la situazione ipotecaria della casa per scoprire se ci sono ipoteche o altri vincoli.

E' un controllo che effettua il notaio prima di stipulare il contratto, ma è importante farla fare anche prima del compromesso, in modo da capire se possono sorgere problemi derivanti da ipoteche non conosciute dal venditore.

<u>La data da ispezionare deve riguardare un periodo di almeno 20 anni indietro.</u>

Regolamento di condominio:

è bene sapere cosa potrai fare o non fare in casa una volta che ne sarai proprietario, ci sono alcuni regolamenti di condominio, che sono allegati agli atti di vendita e a volte sono davvero molto limitanti.

"Assicurati di averli letti prima di procedere."

Spese di condominio:

è doveroso conoscere se il venditore è in regola con i pagamenti delle spese condominiali.

Inoltre è interessante sapere se ci sono problematiche di vario genere e se sono state deliberate o sono in corso di decisione, interventi di manutenzione straordinaria che porteranno a sostenere un'ulteriore spesa imminente successivamente all'acquisto.

Anche queste informazioni saranno fondamentali per la definizione dell'offerta finale.

"Le spese di condominio devono essere dichiarate in forma scritta dall'amministratore."

9. Il Preliminare ovvero "Compromesso"

In tante occasioni, un passaggio che precede l'acquisto è quello del contratto preliminare (il cosiddetto "compromesso").

aspetta.

Cos'è il compromesso?

Ti voglio raccontare un segreto ma non dirlo ai miei colleghi..........

Sembrano tutti dei professori quando parlano di compromesso, ma è un temine improprio cioè non è menzionato in nessun articolo di legge.

Il termine invece normato dalla legge 39/1989 è il *contratto preliminare di compravendita* e questo può essere costituito anche da una proposta d'acquisto accettata ed ha effetti obbligatori tra le parti.

Quello che fanno molti agenti è di dire al potenziale acquirente: dai facciamo subito una proposta d'acquisto è un semplice "compromesso" ho tantissime richieste per questo immobile e potrebbe durare qualche giorno, è un vero affare! poi con calma facciamo il preliminare.

Quindi fanno firmare una proposta d'acquisto su un modulo prestampato con quattro dati in croce che obbliga alle parti di portare a termine un altro documento più completo (ulteriore preliminare) entro una determinata data.

Questo per dirvi che quello che chiamano compromesso è *il preliminare del preliminare* ed ha sempre effetti obbligatori tra le parti, quindi ha lo stesso peso, una volta firmato il documento ci si è obbligati, chi a vendere e chi a comprare, inoltre l'agenzia ha maturato il diritto alla provvigione. Indipendentemente dai problemi di diverso genere che possano esserci attorno, la responsabilità è delle parti.

I mezzi per tutelarsi sono le *condizioni sospensive* che gli agenti immobiliari conoscono benissimo, quindi se la persona non è preparata in materia, cercano di ridurle al minimo mettendosi al sicuro la provvigione immobiliare.

In che senso?

Nel senso che l'agente Immobiliare ha diritto a percepire la provvigione alla firma del preliminare ma solo dopo l'esito positivo delle condizioni sospensive, in caso siano presenti. Quindi meno sono le condizioni sospensive e più sarà sicuro di percepire la provvigione.

Le condizioni sospensive, sono delle condizioni che le parti stabiliscono e subordinano l'efficacia o la risoluzione del contratto a un avvenimento futuro ed incerto.

Le più frequenti condizioni sospensive sono legate:
- alla delibera di mutuo;
- alla delibera reddituale;
- al compimento di una sanatoria dell'immobile entro una determinata data;
- al compimento di una determinata azione entro una determinata data
- ecc....

Vediamo ora nel dettaglio un esempio completo e comune di una condizione sospensiva legata alla delibera di mutuo:

"La presente proposta è da ritenersi nulla e priva di efficacia qualora l'istituto di credito prescelto per l'erogazione di mutuo a sostegno dell'acquisto non deliberi un finanziamento di almeno € 350.000(es) entro e non oltre il giorno xx-xx-xxx. In caso di mancata delibera nei termini essenziali resta inteso, sin da ora, che l'assegno n°———— del —— da me depositato presso l'agenzia immobiliare xxxxx dovrà essermi restituito entro giorni 2 lavorativi con relativo verbale di consegna, senza penali e/o richiesta di danno alcuna."

Il preliminare di compravendita è sostanzialmente un accordo tra venditore e compratore, con il quale essi si obbligano reciprocamente a stipulare un successivo e definitivo contratto di compravendita (atto notarile).

Il trasferimento del diritto di proprietà sull'immobile si avrà solo con la firma di quest'ultimo.

Il preliminare viene stipulato quando non è possibile la vendita immediata:

ad esempio, l'acquirente è in cerca di un mutuo, il venditore deve regolarizzare la casa oppure è in attesa di trasferirsi, i casi possono essere molteplici.

Il motivo per il quale si stipula il preliminare è appunto quello di impegnare giuridicamente le parti a risolvere questi problemi prima della data prevista dell'atto definitivo.

Il contratto preliminare di compravendita deve essere registrato entro **20 giorni** dalla sottoscrizione.

 Per la registrazione sono dovute:

- l'imposta di registro di 200 euro, indipendentemente dal prezzo della compravendita

- l'imposta di bollo, pari a 16 euro ogni 4 facciate e comunque ogni 100 righe.

Se il preliminare è stipulato con atto notarile, la registrazione viene eseguita dal notaio entro 30 giorni.

Inoltre in aggiunta alle due imposte sopraindicate, quando il contratto prevede un pagamento (acconto o caparra), è dovuta anche l'imposta proporzionale di registro:

per contratti non soggetti ad IVA

il venditore è un privato o un'impresa che non ha costruito quel determinato fabbricato

- 0,50% sulle somme previste a titolo di caparra confirmatoria

- 3% delle somme previste a titolo di acconto sul prezzo di vendita.

In questi casi, dall'imposta dovuta per la registrazione del contratto definitivo sarà poi detratta quella pagata sul preliminare.

per contratti soggetti ad IVA

il venditore è l'impresa costruttrice che vende entro 5 anni dall'ultimazione della costruzione o intervento di recupero

- 0,50% sulle somme previste a titolo di caparra confirmatoria

- 200 € in misura fissa se il versamento è un acconto o ha la duplice natura di caparra e di acconto prezzo

"Se è presente un compromesso questo dovrà sempre essere registrato!"

Acconto e Caparra

Abbiamo menzionato le parole acconto prezzo e caparra confirmatoria ed è giusto che tu conosca bene le differenze, anche perché in qualsiasi proposta d'acquisto si deve allegare un assegno bancario o circolare che dovrà essere a titolo di acconto o caparra. Questo prova l'impegno e la serietà delle parti.
La distinzione è importante.

L'acconto prezzo

è semplicemente un'anticipazione del pagamento del prezzo che dovrà essere poi saldato al momento del contratto definitivo.

La caparra confirmatoria

impegna maggiormente le parti. Se la parte che ha versato la caparra diventa inadempiente, l'altra parte può recedere dal contratto e trattenere la caparra a titolo di risarcimento del danno, senza bisogno di dimostrare l'ammontare del danno subito.

Se la parte inadempiente è quella che ha ricevuto la caparra, l'altra parte potrà recedere dal contratto ed esigere il pagamento del doppio della caparra.

Tuttavia se la parte che non è inadempiente preferisce domandare l'esecuzione o la risoluzione del contratto, il risarcimento del danno sarà regolato dalle norme generali (con sentenza del giudice) e quindi non si potrà trattenere e pretendere la caparra.

Quando entrambe le parti risultano adempienti alle obbligazioni del contratto, la caparra sarà restituita oppure imputata nella prestazione (ad esempio portandola in detrazione sul prezzo di una vendita).

Trascrizione del Preliminare

Capiamo ora l'importanza della trascrizione del contratto preliminare. Come detto prima, la stipula del preliminare fa sorgere solo un obbligo giuridico tra venditore e acquirente, senza determinare il trasferimento della proprietà. Pertanto, potrebbe accadere che, nonostante il preliminare, il venditore venda lo stesso immobile ad altra persona, costituisca sullo stesso diritti reali di godimento (per esempio un usufrutto) o iscriva ipoteca. In questi casi, il compratore potrà chiedere al giudice solo il risarcimento dei danni, non anche l'annullamento della vendita o dell'iscrizione dell'ipoteca. Per evitare di trovarsi in una situazione del genere, la legge mette a disposizione lo strumento della trascrizione del preliminare nei registri immobiliari. In tal modo, eventuali vendite dello stesso immobile o la costituzione di altri diritti a favore di terze persone non pregiudicheranno i diritti del compratore. Per la trascrizione del preliminare è necessario l'intervento del notaio. In questo caso, all'imposta di registro e all'imposta di bollo di 155 euro si aggiunge il versamento dell'imposta ipotecaria di 200 euro e delle tasse ipotecarie di 35 euro.

10. Le Imposte

per avere un quadro completo dei costi, a seconda delle casistiche esaminiamo nel dettaglio le imposte da pagare:

1. <u>Acquisto prima casa da un privato</u>
   (se il venditore è un privato o un'impresa che non ha costruito quel determinato fabbricato)

   - imposta di registro del 2% (del valore catastale)
   - imposta ipotecaria fissa di 50 euro
   - imposta catastale fissa di 50 euro

   Ecco un esempio:
   Casa con rendita catastale di € 1.000,00
   Il calcolo delle imposte sarà:
   € 1.000x1,05x110 = € 115.500,00

Imposta di registro 2%	2.310
Imposta Ipotecaria	50
Imposta Catastale	50

La stessa aliquota si applica anche a garage, cantine e posti auto se sono di pertinenza della casa.

2. <u>Acquisto senza agevolazioni prima casa da un privato</u> (se il venditore è un privato o un'impresa che non ha costruito il fabbricato da non più di cinque anni)

   - imposta di registro del 9% calcolata sulla rendita catastale rivalutata
   - imposta ipotecaria fissa di 50 euro
   - imposta catastale fissa di 50 euro

3. <u>Acquisto prima casa dall'impresa costruttrice del fabbricato entro 5 anni dall'ultimazione:</u>

   - Iva ridotta al 4%;
   - imposta di registro fissa di 200 euro
   - imposta ipotecaria fissa di 200 euro
   - imposta catastale fissa di 200 euro

4. <u>Acquisto senza agevolazioni prima casa dall'impresa costruttrice del fabbricato entro 5 anni dall'ultimazione:</u>

- Iva ridotta al 10%;
- imposta di registro fissa di 200 euro
- imposta ipotecaria fissa di 200 euro
- imposta catastale fissa di 200 euro.

5. <u>Acquisto dall'impresa costruttrice del fabbricato entro 5 anni dall'ultimazione e l'immobile è considerato di lusso cioè rientrante nelle categorie catastali A1 (abitazioni signorili), A8 (ville) e A9 (castelli, palazzi):</u>

- Iva ordinaria al 22%;
- imposta di registro fissa di 200 euro
- imposta ipotecaria fissa di 200 euro
- imposta catastale fissa di 200 euro.

Le imposte di registro, ipotecaria e catastale sono pagate al notaio alla stipula del contratto e provvede lui al versamento al momento della registrazione dell'atto.

11. Le agevolazioni "Prima Casa"

I requisiti necessari per usufruire delle agevolazioni "prima casa" sono i seguenti:

- La casa non deve essere di categoria catastale A1 (abitazioni di tipo signorile), A8 (abitazioni in ville) o A9 (castelli e palazzi di eminente pregio artistico e storico).

- La casa deve essere ubicata nel territorio del Comune in cui l'acquirente ha o stabilisca, entro 18 mesi dall'acquisto, la propria residenza.
  L'acquirente non deve essere titolare, esclusivo o in comunione col coniuge, di diritti di proprietà, usufrutto, uso e abitazione, su altra casa nel territorio del Comune dove si trova l'immobile oggetto dell'acquisto agevolato.

56

- L'acquirente non deve non essere titolare, neppure per quote, anche in regime di comunione legale dei beni su tutto il territorio nazionale dei diritti di proprietà, usufrutto, uso, abitazione e nuda proprietà di altra casa di abitazione acquistata da essa parte acquirente o dal coniuge con le agevolazioni "prima casa".

12. Scegli la Libertà

Tutte le ricerche, controlli e verifiche descritte in questa guida, dovresti farle Tu, ma la vita al difuori del lavoro non dovrebbe essere sacrificata.

Dovresti assicurarti che determinate aree della tua vita ricevano la tua completa attenzione, le più importanti sono: salute, famiglia, hobby, interessi.

È facile permettere allo stress e alle difficoltà di tutti i giorni di inserirsi in quelli che dovrebbero essere momenti di serenità.

Lo stress ha la tendenza di manifestarsi con gradualità, quindi potrebbe essere difficile da notare ma una volta che i sintomi arrivano è impossibile ignorarli.

La soluzione per trovare la casa giusta in soli 78 minuti c'è ma devi smettere di cercarla.

Devi smettere di cercarla.......

La ricerca della casa GIUSTA è il primo compito che devi delegare!

Ma a chi?

ad amici?

a familiari?

All'agenzia immobiliare sotto casa?

No!

Devi affidarti ad un *Proprety Finder, Home Hunter o Buying Agent,* sono tutti termini anglosassoni per definire *l'Agente dell'Acquirente.*

Devi affidarti a soli veri professionisti e cacciatori di immobili, ottenendo il massimo della serenità e sicurezza nell'acquisto.

La soluzione non è l'agenzia tradizionale, la soluzione è il *property finder.*

Tra i primi ad intraprendere la strada del property finding in Italia è stato Luigi Benedetti, agente immobiliare attivo nella provincia di Bologna. Benedetti ha dato vita, insieme a due colleghi (Massimiliano Russo e Valerio Corazzin), a DesideraRe, primo network dedicato al property finding.

78 minuti saranno più che sufficienti perché tutto il lavoro più complesso e attento è stato già eseguito dal property finder con meticolosità; non ti rimane che dedicare il tuo prezioso tempo all'attività decisionale.

Quindi tu e tutte le persone interessate all'acquisto, dovrete con molta serenità:

- Analizzare gli aspetti negativi e positivi degli immobili proposti e visionati avendo già tutte le informazioni essenziali fornite dal Property Finder (30 minuti);

- Andare a visitare i 3 immobili proposti dal Property Finder (15 minuti a visita= 45 minuti);

- Scegliere definitivamente la casa giusta (basteranno solo 3 minuti).

A tutto il resto ci pensa il Property Finder!

Naturalmente non tutti possono godere di questo speciale servizio esclusivo, solo le persone di categoria più esigenti. Il bello è che, dal momento in cui ci si affida ad un Property Finder, si smette di cercare.

Se sei alla ricerca di un immobile, hai capito di non riuscirci da solo e hai la necessità di un servizio specifico ed esclusivo, sai che il *Property Finder* potrà aiutarti. Aspetta però.....

Ora che hai compreso questo servizio immobiliare alternativo che mette a disposizione la figura del Property Finder, <u>ti presento la formula più completa e professionale dedicata a chi intende acquistare una casa da ristrutturare.</u>

Ho voluto dare l'opportunità a tutti i veri professionisti (geometri e architetti) che intendono avvicinarsi al settore immobiliare, di ricoprire un ruolo nuovo, importantissimo, di grande responsabilità per colmare un segmento specifico del settore immobiliare Italiano tutelando al massimo l'acquirente.

13. Ti presento "Sherlock Homes"

Sherlock Homes
Detective immobiliare

Il 1° studio immobiliare per chi cerca casa da ristrutturare.

Composto esclusivamente da Geometri e Architetti.

Minissale Vito
Architetto Project manager

13.1. Il Vaso di Pandora Immobiliare

Stai per scoprire il servizio dedicato esclusivamente a chi intende acquistare una casa da ristrutturare.

Prima è doveroso metterti in guardia facendoti conoscere i rischi che potresti correre comprando casa.

In Italia, chi compra casa si rivolge e si attiene alle condizioni imposte dell'agenzia immobiliare in possesso dell'incarico di vendita.

Chi compra casa viene vincolato a pagare una provvigione per un servizio non a lui dedicato e non esclusivo. Viene richiesta già all'accettazione del compromesso.

La proposta d'acquisto viene fatta firmare senza le dovute clausole di tutela e senza aver effettuato i dovuti controlli sull'immobile.

L'agenzia immobiliare tradizionale, nella sua totale imparzialità non tutela abbastanza l'acquirente e non solo dal punto di vista burocratico ma anche nella scelta dell'immobile giusto.

Propone soltanto i propri immobili in gestione esaltando pregi e mascherando i difetti, a volte neanche individuati per incompetenza tecnica.

Ecco perché emergono numerosi contenziosi.

Comprando casa corri i seguenti rischi:

- non osservi il 100% delle case in vendita

- perdi tempo dietro annunci e riviste immobiliari

- ti stressi a visitare case non giuste

- sottrai tempo al tuo partner, figli e hobby

- rischi di comprare una casa con abusi edilizi

- rischi di pagare la casa più di quello che vale

- rischi di perdere la caparra ingenuamente

- rischi di ereditare spese condominiali

- rischi di affrontare spese straordinarie

- rischi di comprare una casa sull'onda dell'entusiasmo

- valuti la casa solamente guardando lo stato attuale

- escludi le case dotate di un potenziale nascosto

- non hai la certezza della fattibilità d'intervento

- non disponi di un progetto per le tue esigenze

- non disponi di un elenco lavori

Sono numerose le disavventure di promissari acquirenti vittime di negligenze immobiliari e disinformazione.

Puoi leggerle su tanti Forum Immobiliari presenti n rete.

Ma da oggi le cose cambiano! a Torino una nuova figura ribalta il metodo operativo di intermediazione immobiliare.

La sua attività non parte dagli immobili ma dalle esigenze specifiche di chi è intenzionato a comprare casa.

In tempi brevi, in serenità e in completa sicurezza.

Ora ti svelerò attraverso una storia il servizio che permetterà di evitare definitivamente tutti i problemi visti.

13.2. Nina e Simone sono ancora in Tempo...

Nina è una manager e una madre molto amorevole con i suoi due figli appena adolescenti.

Il marito Simone è un ingegnere ed un padre giocherellone che cerca di non far mancare nulla alla sua famiglia.

Una sera d'inverno decisero di cambiare casa perché era diventata scomoda alle loro nuove esigenze. La nuova casa doveva soddisfare la comodità ai servizi e soprattutto alle attività dei figli. Desideravano abitare in centro Torino.

Presero carta e penna e scrissero l'elenco delle caratteristiche fondamentali. Ovviamente per ottenere una casa che corrispondesse a tutte le loro esigenze interne doveva essere da ristrutturare.

Sfogliarono riviste e guardarono portali immobiliari. Presero diversi appuntamenti. Cominciarono a sottrarre tempo alla famiglia per dedicarsi nel fine settimana a visitare immobili.

Dopo 3 mesi si resero conto di aver visto solo case non giuste. I numerosi dubbi, la tanta stanchezza e lo stress divennero protagonisti di accese discussioni.

I figli si sentivano sempre più trascurati e dispiaciuti per le tensioni che aumentavano in famiglia.

Decisero quindi di rinunciare temporaneamente a questo grande desiderio.

Il 4 agosto al quarantesimo compleanno di Simone, durante una cena in montagna, una coppia di amici non riusciva a trattenere la felicità. Avevano appena acquistato la casa dei loro sogni.

In quel preciso istante Simone pensò che se si fossero spinti oltre le loro considerazioni e se fossero scesi a compromessi, sull'onda dell'entusiasmo avrebbero potuto acquistare anche loro.

Simone esclamò "anche noi ci siamo imbattuti alla ricerca di una casa che rispecchiasse le nostre priorità. Dopo visite perditempo con agenti immobiliari abili nel forzare la vendita abbiamo perso le speranze. Ci siamo veramente impegnati. Siamo stati estremamente scrupolosi nel richiedere informazioni e attenti durante le visite, ma nulla è servito".

L'amica lo guardò e con aria solidale gli disse "una soluzione a tutto questo c'è. Siamo riusciti a trovare la casa giusta senza sprecare tempo ed energie, in completa serenità e sicurezza. Non abbiamo trascurato i nostri figli, le nostre passioni e abbiamo trascorso i weekend nei nostri posti preferiti".

Nina confessò la difficoltà di non riuscire a visualizzare le modifiche per gli spazi interni desiderati. La paura di acquistare la casa sbagliata era alta.

Nina e Simone avrebbero potuto improvvisarsi geometrini "fai da te" e comprare adattandosi agli imprevisti. Ma qualcosa li ha frenati. Il loro intuito gli suggeriva che le conseguenze le avrebbero pagate a caro prezzo.

L'amica prese Nina per mano e le disse "capisco perfettamente le tue paure. Ci avete fatto rivivere l'inizio della nostra avventura".

Davanti al dessert, l'amico svelò la fonte del loro successo

"Inizialmente eravamo scettici su ciò che non pensavamo esistesse qui in Italia. Un gruppo di professionisti Geometri e Architetti dopo anni di collaborazione con le più importanti agenzie immobiliari, spinti dall'insoddisfazione e dal disagio generale degli acquirenti, si sono abilitati alla mediazione immobiliare. Il loro obiettivo è stato quello di creare un sistema rapido che permettesse un acquisto vincente tutelando esclusivamente chi deve acquistare casa."

L'amica continuò "grazie a loro ci siamo sollevati da responsabilità e tanti mal di pancia.

Un professionista ci ha seguito individualmente osservando tutto il mercato immobiliare nella zona obiettivo in cui cercavamo. Ha selezionato e valutato diverse case andando alle visite al posto nostro, guardandole con i nostri occhi. Conosceva a fondo le nostre esigenze specifiche.

Credeteci, abbiamo risparmiato tantissimo tempo e discussioni inutili. Ci sentivamo sempre più affiatati e desiderosi di scoprire le sue proposte.

In trenta giorni previsti ha selezionato tre abitazioni e riprogettato gli spazi in pianta rispettando le nostre esigenze abitative.

Ci siamo incontrati per valutare insieme le informazioni ottenute e le soluzioni grafiche con giustificate e sorprendenti proposte progettuali. In quell'occasione abbiamo scelto la casa giusta!

Dopo qualche giorno siamo andati a vederla insieme a lui. E' stata la nostra unica visita. A stupirci sono state le immagini foto-realistiche di come sarebbe diventata la nostra nuova casa, un sogno che si stava per avverare!

Il professionista a noi assegnato ha verificato la regolarità edilizia della casa e tutti i documenti essenziali, preparando la proposta d'acquisto con tutte le clausole a nostro vantaggio.

L'ha presentata di persona all'agente immobiliare del venditore incalzando una vantaggiosa trattativa fino all'avvenuta accettazione.

Proprio oggi il mutuo è stato deliberato. La prossima settimana la casa che ci hanno accuratamente progettato sarà nostra!

Inoltre, questo servizio ci ha consentito di risparmiare soldi sulla progettazione già inclusa nella provvigione e di partire subito con i lavori di ristrutturazione.

Non vediamo l'ora..."

Nina e Simone si guardarono sorridendo ed ebbero un pensiero comune "siamo ancora in tempo".

Anche gli amici inizialmente erano insicuri e smarriti.

Le noiose ricerche e le visite perditempo sono oggi un amaro ricordo. In pochissimo tempo la loro vita è cambiata e sono riusciti a raggiungere l'obiettivo prefissato. Una nuova figura immobiliare si è schierata dalla loro parte garantendogli libertà e sicurezza. Hanno acquistato la casa ideale.

Finalmente una figura immobiliare che tende una mano a tutte le persone che sognano di realizzare uno dei passi più importanti della vita.

Scoprila adesso.

13.3. La Nuova figura Immobiliare

I professionisti Geometri ed Architetti non nascono agenti immobiliari e si distinguono dagli stessi non solo per termini di linguaggio, percorso formativo, conoscenza della materia edilizia-architettonica ma anche per la percezione visiva dei locali abitativi.

La nuova figura ha la competenza del Geometra o dell'Architetto con un'esperienza almeno quinquennale e possiede l'abilitazione immobiliare.

Si è avvicinata al settore immobiliare esclusivamente per garantire e salvaguardare gli interessi di chi desidera comprare una casa da ristrutturare.

Propone una consulenza tecnica immobiliare unica e riservata che mira ad esaudire le specifiche esigenze di chi è seriamente intenzionato ad acquistare la casa ideale in tempi brevi, in tutta serenità e in completa sicurezza.

Colma un grande vuoto nel settore immobiliare italiano e ribalta le tradizionali metodologie operative.

Nasce per senso del dovere e rispetto per chi fa uno degli acquisti più importanti della vita.

Prende il nome di

"Detective Immobiliare"

e costituisce un nuovo ramo

della categoria *Property Finder*

nell'intermediazione immobiliare italiana.

13.4. Sherlock Homes ti dà il benvenuto

Sherlock Homes non è un'agenzia immobiliare.

Non vende case.

La Sherlock Homes è il primo studio immobiliare composto esclusivamente da "Detective Immobiliari"

Sherlock Homes offre un servizio riservato all-inclusive:

- ricerca mirata nella tua zona obiettivo

- seleziona per te tutta l'offerta immobiliare

- visita le case al posto tuo

- ti propone solo immobili giusti

- valuti l'immobile attraverso progetti personalizzati

- elenco lavori di ristrutturazione

- verifica tecnico-urbanistica

- proposta d'acquisto e trattativa a tuo favore

- ti assiste fino all'atto notarile

Tutto questo in brevissimo tempo.

Avrai il vantaggio di poter scegliere una casa sulla base del massimo potenziale e non sul convenzionale stato di fatto.

Sherlock Homes ti garantisce un'assistenza continua in tutte le fasi burocratiche, dalla proposta d'acquisto alla stipula dell'atto notarile.

L'intero servizio è incluso nella provvigione immobiliare che avrai il piacere di riconoscere !

Questa opportunità unica non è per tutti. E' solo per chi...

13.5. Non è per tutti...

Questo servizio non è rivolto a tutti, ma è riservato a chi intende acquistare oggi in completa serenità e sicurezza la casa ideale da ristrutturare.

Quindi se

- sei stanco di cercare

- non hai né tempo né voglia

- sei determinato a trovare ciò che desideri

- sei convinto di comprare la casa ora

- sai che le agenzie immobiliari non possono soddisfarti

- sai che il mercato offre altre opportunità oltre a quelle presenti su riviste e portali immobiliari

- cerchi un professionista di fiducia (consulente non venditore) come figura unica competente e riservata che si dedica a tempo pieno solo per te

- vorresti conoscere le potenzialità della casa prima dell'acquisto

- desideri valutare l'acquisto attraverso soluzioni progettuali

- pretendi la massima privacy

la Shelock Homes è pronta ad aiutarti!

Nel prossimo sotto-capitolo desidero metterti chiaramente a confronto 2 figure con 2 metodi differenti:

l'agente immobiliare tradizionale ed il preannunciato Property Finder.

13.6. Due figure - Due metodi differenti

Il Sole 24 ore già da qualche anno ha annunciato la comparsa del Property Finder una figura che si sta diffondendo sempre di più in Italia.

Una figura al quale ricorre chi cerca un servizio "su misura" per acquistare una proprietà che abbia caratteristiche specifiche, in base alle proprie esigenze, senza rivolgersi ad una agenzia immobiliare o impegnarsi nella ricerca tra gli annunci.

Il sole 24:

"Si tratta di una professione nata negli Stati Uniti negli anni '90 e poi diffusasi anche in Europa, dal Regno Unito alla Francia. E che in Italia sta muovendo i primi passi.

L'idea è quella di un professionista che ottiene un "incarico di ricerca" da un potenziale acquirente, disposto a pagare una provvigione più alta, rispetto a quella di una normale agenzia, per farsi trovare la casa "giusta", che risponda in pieno alle sue esigenze."

Una figura che mancava nel mercato immobiliare Italiano considerando la vita sempre più frenetica e l'aumento dei contenziosi civili legati alla compravendita immobiliare.

Perché rivolgersi a un'agenzia tradizionale se stai cercando casa, quando esiste una figura specifica?

Può sembrare ovvio ma per colmare tutti i dubbi, ho riportato le attività di un Property Finder e quelle di un Agente Immobiliare tradizionale così da avere chiare le differenze.

Sia chiaro sono due attività completamente differenti ma complementari. La figura del Property Finder incontra quella di un agente immobiliare tradizionale perché hanno tutti e due uno scopo ben preciso, quello di soddisfare i propri clienti che però hanno esigenze differenti "vendere/comprare" e come nella fisica gli opposti si attraggono.

Di seguito puoi vedere chiaramente quali sono le differenze operative delle due figure immobiliari:

Agente Immobiliare tradizionale	Property Finder
Lavora per chi vende	Lavora per chi compra
Pubblicizza immobili	Cerca immobili
Chiude contratti di vendita su qualsiasi immobile	Chiude contratti di ricerca immobile specifico
È imparziale tra le parti	Tutela solo l'acquirente
Percepisce la provvigione da ambo le parti	Percepisce la provvigione solo dall'acquirente
Provvigione a proposta accettata	Provvigione all'atto notarile
Ha incarichi di 6/12 mesi	Ha incarichi di 30/60 giorni
Controlla i documenti minimi indispensabili solo dopo la proposta d'acquisto	Si avvale di professionisti esterni per un controllo più approfondito della documentazione
Fa vedere i propri immobili in vendita ai potenziali acquirenti	Esegue lui stesso i sopralluoghi per i propri clienti
Cerca di convincere il potenziale acquirente a comprare uno dei suoi immobili facendo risaltare i suoi pregi	Filtra gli immobili non idonei e ne propone definitivamente 2/3, rimandendo obiettivo e senza forzare la vendita
Non ha limiti di clienti	Segue al massimo 3 clienti per volta

Il Detective Immobiliare è una figura che rappresenta un ramo specifico del Property Finder e ora avrò il piacere di dimostrartelo.

13.7. L'evoluzione del Property Finder

Il Detective Immobiliare della Sherlock Homes è l'evoluzione del Property Finder.

Di seguito valuta tu stesso la figura che fa al caso tuo attraverso il confronto dei "servizi legati all'acquisto della casa giusta " offerti dalle realtà immobiliari attualmente presenti in Italia.

Servizi legatiall'acquisto della casa giusta	Agente immobiliare Tradizionale	Property Finder	Detective Immobiliare
Gestisce trattative immobiliari	●	●	●
Tutela e lavora solo per chi acquista		●	●
Servizio specifico di ricerca		●	●
Provvigione solo da chi acquista		●	●
Incarichi brevi 30-60 giorni		●	●
Esegue personalmentele visite e sopralluoghi per conto dell'acquirente		●	●
Seleziona, valuta, analizza e propone 2 o 3 immobili, quelli giusti		●	●
Controllo e verifica documenti prima della proposta d'acquisto			●
Soluzioni progettuali 2D e 3D adatte alle esigenze specifiche			●
Elenco lavori e analisi dei costi di ristrutturazione			●
Consulenza esclusiva da Agenti Immobiliari con almeno 5 anni di esperienza da Geometra o Architetto			●
Garanzia soddisfatto o non paghi			●

Le realtà presenti in Italia

Le più conosciute agenzie immobiliari in Italia:

Le più affermate agenzie Property Finding in Italia:

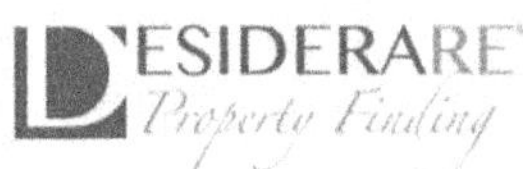  

L'unica agenzia Detective Immobiliare in Italia:

Sherlock Hoñes

Detective immobiliare

Hai sicuramente riconosciuto i più grandi marchi presenti in Italia.

Sono grandi realtà che hanno sempre lavorato con un metodo.

Fanno tanti volumi e sono diffusi su tutto il territorio nazionale.

Sono quelli che scelgono "tutti".

Ora hai la possibilità di scegliere una nuova categoria.

Una figura immobiliare esperta, specifica ed esclusiva per chi vuol comprare una casa da ristrutturare.

Il Detective Immobiliare soddisfa a pieno i tuoi desideri.

Voglio metterti sotto lente i nostri punti di forza.

13.8. Punti di forza

Ora sei pronto a scoprire i punti di forza della Sherlock Homes. Ereditati dalla ricchezza professionale e messi a disposizione di chi come te sta cercando la casa ideale proprio in questo preciso momento.

Si distinguono in tre fondamentali organi di competenze che ti faranno battere il cuore per la tua nuova casa.

1) Ricerca invasiva nella zona obiettivo: osserva tutto il mercato immobiliare offerto da agenzie, colleghi e privati attraverso una fitta rete di ricerca.

2) Valutazione e selezione della casa giusta: visita degli immobili al posto tuo e ti presenta solo quelli giusti. Ti permette la scelta definitiva attraverso progettazioni mirate a soddisfare le tue esigenze abitative.

3) Verifica e controlli di tutta la documentazione: prima di sottoporti qualsiasi "compromesso" si verifica la situazione urbanistica e catastale della casa e tutta la documentazione che potrebbe pregiudicare l'acquisto.

Social Network
Portali immobiliari
Agenzie immobiliari della zona
Rete di ricerca
Imprese di costruzione
Professionisti di zona
privati
Conformità catastale
Conformità comunale
Verifiche e controlli
Atto di provenienza
Ispezioni ipotecarie
Spese condominio
Valutazione architettonica
Aspetti legati al consumo energetico
Soluzioni progettuali 2D e 3D
Valutazione immobile
Stima costi di intervento
Elenco lavori da effettuare

Queste competenze si rivolgono solamente agli acquirenti più seri che vogliono veramente raggiungere il proprio obiettivo.

Quindi, lascia che ti chiedo un'altra volta... Vuoi veramente acquistare la casa giusta per te?

Continua a leggere e scopri le fasi temporali del servizio a te dedicato.

13.9. Verso la Casa ideale

Nessun servizio sarà più mirato ed esclusivo se si rispettano precise fasi temporali.

Un percorso di 45 giorni tutto incluso permette al detective immobiliare di portarti ad un acquisto vincente.

Hai tutto il tempo libero che ti meriti:

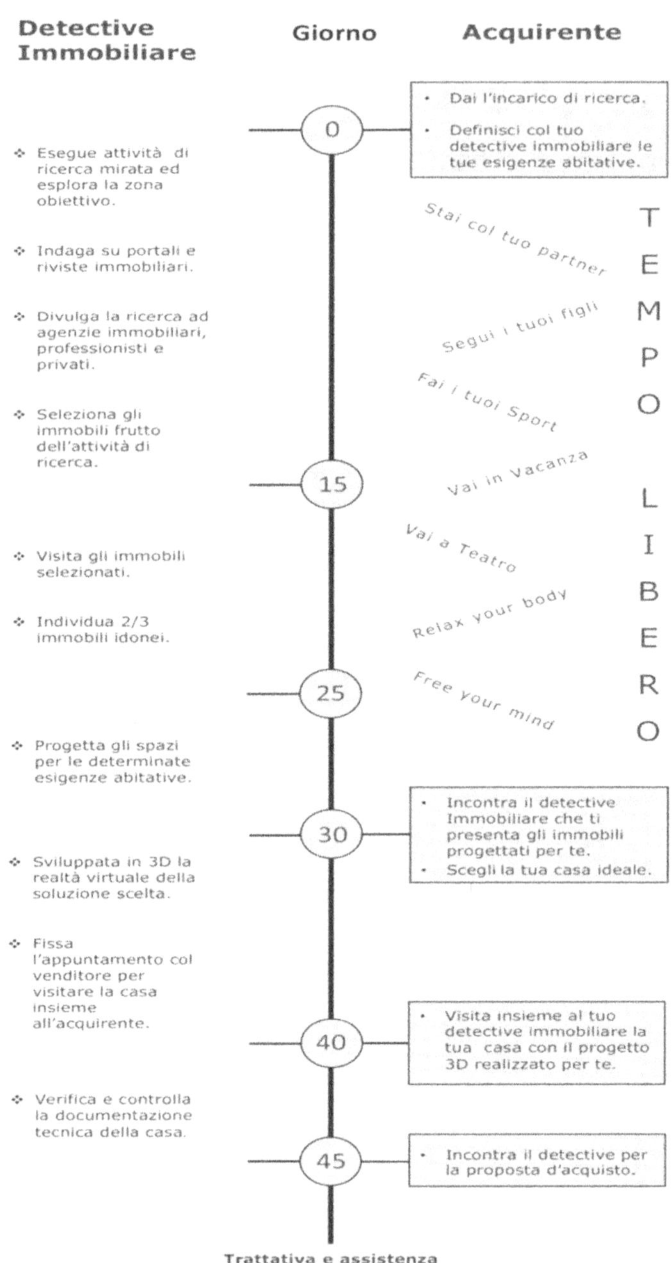

Detective Immobiliare
Giorno
Acquirente
0
Dai l'incarico di ricerca.
Definisci col tuo detective immobiliare le tue esigenze abitative.
Esegue attività di ricerca mirata ed esplora la zona obiettivo.
Indaga su portali e riviste immobiliari.
Divulga la ricerca ad agenzie immobiliari, professionisti e privati.
Seleziona gli immobili frutto dell'attività di ricerca.
Stai col tuo partner
Segui i tuoi figli
Fai i tuoi Sport
Vai in Vacanza
Vai a Teatro
Relax your body
Free your mind
TEMPO LIBERO
15
Visita gli immobili selezionati.
Individua 2/3 immobili idonei.
25
Progetta gli spazi per le determinate esigenze abitative.
Incontra il detective Immobiliare che ti presenta gli immobili progettati per te.
Scegli la tua casa ideale.
30
Sviluppata in 3D la realtà virtuale della soluzione scelta.
Fissa l'appuntamento col venditore per visitare la casa insieme all'acquirente.
Visita insieme al tuo detective immobiliare la tua casa con il progetto 3D realizzato per te.
40
Verifica e controlla la documentazione tecnica della casa.
Incontra il detective per la proposta d'acquisto.
45
Trattativa e assistenza fino all'atto d'acquisto!

13.10. Chi ha colto l'opportunità

Ora che conosci gli strumenti di Sherlock Homes hai anche scoperto quali sono i tuoi vantaggi.

Hai capito che è possibile comprare casa in serenità e sicurezza.

E per quanto ciò che hai letto sia efficace...ti lascio alle testimonianze di chi ci ha conosciuto:

Maria Angela A.

"Grazie ai consigli di alcuni amici ho deciso di affidarmi a questo studio e al suo team di professionisti.

Sono stati pienamente in grado di realizzare i nostri sogni studiando al meglio ogni soluzione, mantenendosi in linea con le nostre esigenze e gusti personali. Mi sento libera di consigliare a chiunque questo servizio per la garanzia e la disponibilità offerta. Grazie ancora per tutto."

Giusy F.

"Grazie alla competenza di veri professionisti, io e il mio compagno abbiamo ottenuto ottimi risultati fin dall'inizio, dalla consulenza d'acquisto alla progettazione. Ci hanno accompagnato anche durante tutta la ristrutturazione. Che dire professionalità, disponibilità e risposte a tutti i dubbi. Per noi rimane l'unico e solo riferimento in campo edilizio-immobiliare CONSIGLIATO!"

Ivan N.

"Ho apprezzato molto la disponibilità e il loro modo di essere professionali. Mi sono affidato per l'acquisto di un immobile uso investimento e le loro pratiche e progetti sono stati realizzati con precisione e cura nei dettagli. Ho gradito il design moderno e all'avanguardia. Lo consiglio a tutte le persone che vogliono rimanere soddisfatti e seguite da persone specializzate nel settore immobiliare e della progettazione. Il professionista a me dedicato ha compiuto il proprio lavoro con passione e serietà"

Federico S.

Prima di incontrare questi professionisti avevo la necessità di acquistare un alloggio per le mie personali esigenze.

La casa proposta si presentava in ottime condizioni ma volevo dargli un tocco personale per far sì che rispecchiasse l'anima degli occupanti.

Ho trovato dei professionisti e le migliori soluzioni per i miei gusti. Ho apprezzato la prontezza a superare le mie paure e incertezze, oltre le competenze nell'affrontare l'intervento di ristrutturazione.

Le parole che per me rappresentano questo studio sono: PROBLEM SOLVING, PROFESSIONALITÀ, CORTESIA.

Sicuramente lo consiglierei ad un amico"

Roberto D. & Lisa F.

"Lo studio fin dal primo giorno, ha sempre soddisfatto ogni standard. In particolar modo per l'acquisto della nostra nuova casa. Il tutto è stato sviluppato con estrema cura e supervisione.

Sono professionisti che mettono il cuore nel lavoro svolto con una naturale empatia.

Io e mio marito abbiamo richiesto la loro competenza anche in fase di ristrutturazione ed anche lì impeccabili come sempre. Il nostro esito, assolutamente ECCELLENTE"

Roberto C.

Quando si vede una progettazione della propria casa sul foglio con tutte quelle linee che formano la tua futura casa, cominci a renderti conto che chi l'ha progettata sa il fatto suo. Chi sta per comprare, ha una sua visione di casa ideale ma solo attraverso tecnici professionisti si possono mettere in pratica le proprie esigenze!

Qui ho trovato le persone giuste che hanno reso possibile il nostro desiderio di casa, mio e di mia moglie...e accontentare mia moglie non è cosa semplice.

Aver avuto la progettazione in 3D è stata una cosa favolosa perché si ha quasi la sensazione di camminare dentro casa e osservare particolari che non potresti cogliere su un disegno in pianta. Ci ha stupito l'arredamento finito che si sposava perfettamente con i nostri gusti.

La consulenza immobiliare e le soluzioni tridimensionali ci hanno decisamente agevolato. Abbiamo ben apprezzato i consigli per la successiva fase di ristrutturazione così da rendergli il merito anche a lavori finiti. E' stata realizzata la casa che abbiamo sempre desiderato!

Siamo stati seguiti dall'inizio alla fine e anche dopo. Per me è sintomo di chi oltre a fare questa professione con molta passione, tiene anche ad entusiasmare i propri clienti.

Se qualcuno ha la necessità di acquistare una casa da ristrutturare per le proprie esigenze, consiglierei senza dubbio questo studio.

Concludo dicendo che quando abbiamo cominciato a girare per acquistare casa eravamo arrivati ad un punto di non ritorno. Il livello di stress era così alto che ci stavamo per pentire di averci provato. Per fortuna sul web ho scoperto loro e ho risolto tutti i problemi. Cortesia, gentilezza, disponibilità ma soprattutto professionalità hanno concretizzato il nostro progetto di casa."

Davide S.

La mia esigenza era quella di avere un professionista che si occupasse di vedere con i miei occhi la casa da acquistare. La preventiva progettazione su misura ci ha decisamente convinti. Hanno lavorato in maniera impeccabile nella progettazione degli spazi e della mobilia.

Lo consiglio a chi non ha tempo da perdere e vuole affidarsi a dei professionisti competenti senza doversi preoccupare di nulla per l'acquisto e la progettazione della nuova casa.

Franco C. & Francesca B.

La nostra esigenza era quella di ristrutturare con gusto la nostra casa acquistata in collina.

L'aspetto che più abbiamo apprezzato è stato l'ottimizzazione degli spazi che ci ha permesso di rendere più sfruttabile alcune zone della casa. Grazie all'intuizione dell'architetto Minissale oggi abbiamo anche la possibilità di goderci un salottino d'inverno che si affaccia direttamente sul giardino all'interno di una serra interamente vetrata a giorno. Ottimi risultati ottenuti da un servizio dalla competenza professionale.

Alfredo S.

Avevo necessità di una figura professionale che si occupasse delle fasi d'acquisto della mia nuova casa. Ho apprezzato la rapidità, la passione e la competenza offerta nelle varie soluzioni proposte.

La progettazione anticipata mi ha consentito di scegliere la casa che più si prestava ad esaudire i miei desideri.

Sono riuscito ad abbattere notevolmente i tempi da me prefissati e partire subito con i lavori di ristrutturazione.

Hanno risolto in maniera efficiente tutte le mie esigenze abitative. Raccomanderei di certo questo servizio unico ed esclusivo ad un mio amico perché avrebbe l'opportunità di essere guidato da professionisti esperti.

Sono persone innovative con tanta voglia di fare il proprio lavoro e mi hanno offerto la migliore soluzione possibile per il mio bisogno specifico.

Ho personalmente gradito il loro metodo differenziante. La loro comunicazione interpersonale mi ha coinvolto e ispirato piena fiducia nel loro operato. Grazie davvero.

Micaela F. & Cristian C.

Il nostro obiettivo era quello di ristrutturare casa rifacendo tutto dalla A alla Z.

Il progetto che ci è stato fatto è stata una rivoluzione rispetto alla precedente disposizione degli spazi.

Sicuramente la disponibilità e la capacità di risolvere una ristrutturazione complessa come la nostra sono stati i punti di forza. Molto utili e ben fatti i rendering per riuscire ad immaginare gli spazi.

Abbiamo realizzato la casa dei nostri sogni e sicuramente la parola da utilizzare per descrivere il tutto é professionalità.

Linda M.

Avevo l'esigenza di capire come pianificare la ristrutturazione della mia nuova casa.

Grazie all'architetto Minissale, che attraverso un'ottimizzazione degli spazi ha esaudito i miei desideri. Ottimo lo studio e la progettazione della sala da bagno.

Piena soddisfazione, disponibilità e cortesia!!

Lillo P.

Grazie a questo Studio, ho avuto la possibilità di ottenere un servizio di altissima qualità, che ho potuto constatare per ben due volte, sia nella progettazione che nella completa ristrutturazione ed ampliamento delle nostre case di famiglia. L'Architetto e il Geometra Minissale hanno saputo offrirmi soluzioni distributive molto interessanti, ottimizzando al meglio i grandi spazi a disposizione, ma soprattutto grazie a loro, oggi godo di un'ottima classe energetica e ne sono a testimonianza le basse spese del riscaldamento. Tornerò a breve da loro per la costruzione di un basso fabbricato in cui vorrò realizzare un'autorimessa collettiva. Ho apprezzato notevolmente la capacità professionale di portare a termine le loro prestazioni rispettando le tempistiche prestabilite. Consiglio di appoggiarsi a pieno ed in completa serenità a questo Studio. L'Architetto e il Geometra a differenza di altri studi e professionisti in cui sono inciampato in precedenza, sono stati sempre presenti e mi hanno assistito dall'inizio alla fine lavori. Mi ritengo molto fortunato di averli conosciuti al momento giusto.

Fedele B.

Io e mia moglie desideravamo migliorare la distribuzione interna di casa nostra e consentire ai nostri due figli di avere una camera ciascuno. L'architetto Minissale non solo è riuscito ad esaudire questo nostro sogno ma ha anche rivisitato la zona d'ingresso al soggiorno con spiccata creatività.

Grazie al suo accurato sopralluogo effettuato e alla sua dettagliata progettazione di tutto l'appartamento siamo riusciti a ristrutturare in tempi brevissimi. Si è occupato di presentare domanda in comune e la variazione della planimetria al catasto. Risultati ottimi, chiamate pure per procedere senza intoppi e senza problemi.

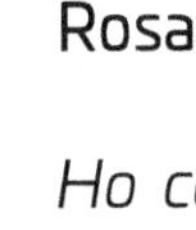

Rosanna P.

Ho contattato l'architetto Minissale per far seguire gli aspetti tecnici e formali relativi alla ristrutturazione del mio appartamento. L'incarico è stato svolto con tempestività ed efficienza, ho apprezzato particolarmente la sua precisione e puntualità. Lo consiglierei sicuramente ad un amico sottolineandone la professionalità e serietà.

Da dove arrivano queste testimonianze? no, non le abbiamo comprate :) e sono solo alcune recensioni rese pubbliche da clienti entusiasti per i servizi esclusivi ricevuti.

Non sono state messe per vanto, ci mancherebbe.

Ma semplicemente per dimostrarti che il Detective Immobiliare della Sherlock Homes sa di cosa parla.

Puoi fidarti dei professionisti di questo studio Immobiliare dal momento che varie famiglie l'hanno fatto prima di te.

Tutti loro, hanno intuito un grande vantaggio.

Fondamentalmente perché hanno scelto i professionisti della Sherlock Homes?

13.11. La scelta che ti meriti

Anche tu hai un motivo per scegliere dei servizi a 5 stelle.

Dalle testimonianze lette hai sicuramente notato diverse esigenze personali.

I principali motivi per cui i clienti continuano a sceglierci, sono racchiusi all'interno dei "vantaggi unici" e nella "garanzia".

Vantaggi unici

- Servizio dedicato a soli acquirenti
- Agenti geometri e architetti
- Professionista personale
- Rapidità di ricerca mirata
- Incarichi brevi di 45 giorni
- Analisi di tutta l'offerta immobiliare
- Valutazione da tecnico professionista
- Soluzioni progettuali personalizzate
- Sicurezza nell'acquisto
- Trattava a favore
- Provvigione all'atto notarile

- Risparmi i costi di progettazione
- Parti subito con la ristrutturazione
- No Stress
- Tempo libero

Garanzia

La Sherlock Homes aiuta le persone a comprare la casa ideale in totale serenità e sicurezza.

Offre la garanzia

soddisfatto al 100% o non paghi.

Il detective immobiliare entusiasma i propri clienti e porta a termine il proprio caso.

Tuttavia la sua più grande felicità proviene da un'azione fatta col cuore.

13.12. Donazioni

Ancora una volta la ricerca scientifica lo ha dimostrato: fare qualcosa per le persone che amiamo o per la comunità migliora concretamente il nostro benessere emotivo e fisico.

Non solo, ma è molto più efficace che fare qualcosa per noi stessi, come distrarci facendo shopping o uscendo con gli amici.

Per questo motivo affidandoti alla Sherlock Homes godrai anche tu di questi benefici.

Il 10% degli utili è destinato in beneficenza per le specifiche esigenze dei bambini nati prematuri o con patologie, dell'ospedale Sant'Anna di Torino.

L'Associazione Piccoli Passi Onlus è un gruppo di volontari che comprende famiglie di bambini nati pretermine o con patologie, e professionisti della Neonatologia dell'Università di Torino.

L'Associazione senza fini di lucro persegue i seguenti obiettivi:

- promuovere iniziative specifiche a sostegno e a tutela delle famiglie di neonati pretermine o con patologia, nel corso del ricovero e dopo la dimissione dalla Terapia Intensiva Neonatale (TIN). Vengono sostenute tutte quelle iniziative atte a promuovere il benessere dei genitori, la vicinanza al proprio figlio, il coinvolgimento attivo della famiglia nell'assistenza e la condivisione delle informazioni e delle esperienze con il personale e con gli altri genitori;
- contribuire a migliorare la qualità delle cure al neonato pretermine o con patologia, grazie all'acquisizione di nuove attrezzature adeguate alla migliore assistenza
- favorire il continuo aggiornamento professionale e promuovere la ricerca scientifica,

epidemiologica e la valutazione della qualità dell'assistenza;

- garantire un'attività di sensibilizzazione dell'opinione pubblica e delle istituzioni sugli aspetti clinico-assistenziali, etici, sociali delle problematiche perinatali.

Visa il sito: www.piccolipassionlustorino.it

Chi ha scelto la Sherlock Homes ha veramente compreso il metodo differenziante con tutti i suoi vantaggi destinati ad una ristretta cerchia di persone...e Tu? Credo che anche tu possa trarre vantaggio da questo servizio.

13.13 Invito speciale

Se sei arrivato fin qui, hai seriamente intenzione di trovare la tua casa ideale. Vado fiero e stimo chi aspira a realizzare i propri desideri.

Ma in tutta sincerità, non tutte le richieste di adesione al servizio vengono approvate.

L'invito speciale è volto a prequalificarti al servizio tramite la compilazione di un adeguato questionario. A verifica positiva incontrerai di persona il tuo "Detective Immobiliare" assegnato.

I posti sono limitati, ogni detective immobiliare si può dedicare a 3 clienti per volta. Questo rende il servizio esclusivo e solo per chi sposa la sua mission.

Non ti dico di affrettarti, ma tieni a mente che è l'opportunità giusta da cogliere in questo momento.

Il Cliente che sceglie la Sherlock Homes conferisce un incarico scritto, esclusivo e di breve durata:

al massimo 45 giorni, in genere non rinnovabili.

Non esistono costi iniziali di ogni genere anche se si investono soldi e tempo nella ricerca della casa giusta.

L'acquirente ha finalmente il piacere di riconoscere alla "Sherlock Homes" la provvigione immobiliare per tutti i servizi ricevuti e a scanso di equivoci non pagherà ulteriore provvigione all' agenzia immobiliare che pubblicizza la casa per conto del venditore.

La provvigione viene definita inizialmente nella lettera di incarico e viene riconosciuta solo all'atto notarile di compravendita, dando la garanzia soddisfatti o non paghi.

Visita e scopri il servizio

affinché tu possa proseguire il viaggio

con serenità verso la tua compravendita immobiliare.

Sito web: www.sherlockhomes.it

Conclusioni. Per proseguire il viaggio

Giunto fin qui, hai molte più informazioni per provare a navigare da solo alla ricerca della tua nuova casa.

Se invece cerchi uno specialista del settore immobiliare e focalizzato esclusivamente a tutelare gli interessi di chi acquista (cioè i tuoi):

sai che esiste, sai come lavora e sai che centra gli obiettivi dei suoi clienti facendogli risparmiare tempo e denaro.

A te la scelta!

Ricorda che se:

a. stai cercando una casa da ristrutturare;

b. non sei più disposto a rinunciare ad un solo minuto della tua vita familiare, lavorativa e al tuo prezioso tempo libero;

c. ti piacerebbe vedere solo pochissimi immobili ma estremamente vicini alle tue esigenze;

d. vorresti avere al tuo fianco un vero professionista immobiliare che deve "accontentare" solo te...

non perdere altro tempo. Una soluzione concreta c'è.

P.S.: pensiamo che tu l'abbia già inteso,

la Sherlock Homes è il primo studio immobiliare in Italia ad applicare questo metodo di lavoro.

Molti non riceveranno mai questo servizio, gente onesta, gran lavoratori, ambiziosi a modo loro,

una piccola parte invece ambisce alla libertà di vivere in serenità con sé stessi e con le persone che amano.

Abbiamo solo un'altra cosa da aggiungere: se il libro si è rivelato un utile strumento per la tua educazione immobiliare legata all'acquisto della tua casa ideale quella giusta, allora abbiamo raggiunto il nostro scopo e possiamo ritenerci felici.

Ci auguriamo di poterti incontrare di persona, stringerti la mano e complimentarci per la tua scelta.

A presto!

Davide
Geom. Minissale

Vito
Arch. Minissale

Ringraziamenti

Ai nostri genitori che hanno sempre creduto in noi, ci hanno sempre stimolati a puntare in alto pur restando con i piedi per terra.

Alle nostre mogli che ci hanno supportato nei momenti difficili e sono riuscite a sopportarci ogni volta che il lavoro veniva prima di tutto il resto.

Ai nostri figli, fonte di ispirazione e motivo di lavoro su noi stessi per lasciar loro un futuro migliore.

Al nostro affiatamento fraterno che ci unisce dalla nascita come una fusione complementare delle nostre capacità a disposizione degli altri.

Grazie, Vito e Davide.

Biografia professionale

Il 1° Detective Immobiliare in Italia – Le tappe e i suoi maestri.

"inseguire le proprie passioni partendo dai piedi della montagna".

Davide Minissale - Geometra che opera nel mercato immobiliare di Torino.

Non è un agente immobiliare e per quanto burocraticamente faccia parte della categoria non si definisce tale.

E' il primo "Detective Immobiliare" che ha ribaltato la metodologia operativa dell'intermediazione immobiliare in Italia. Ha rivoluzionato il sistema convenzionale italiano perfezionando un metodo che ristabilisce i giusti equilibri a favore della comunità.

Ha sempre cercato di migliorare la vita degli altri con le proprie capacità ed intelletto.

Aiuta le famiglie ad acquistare con serenità e sicurezza la casa ideale, quella "giusta" per le specifiche esigenze abitative.

Nel 2001 consegue il titolo di operatore elettronico e a 17 anni intraprende la carriera lavorativa come dipendente per la prestigiosa azienda idrotermosanitaria "Pussetto&Pollano" con sede a Rivoli.

Il suo primo mentore l'imprenditore Elio Pussetto è colui che ha forgiato il suo carattere e consolidato le basi della sua esperienza lavorativa.

L'azienda presta tuttora il suo operato per gli edifici più rinomati di Torino e cintura. Tra i più celebri il Castello del Valentino, villaggio della mandria di Venaria e la cattedrale di San Giovanni. Tra i più popolari, il centro commerciale 45° Nord di Moncalieri, MondoJuve di Vinovo e l'eclettico ed innovativo polo gastronomico EDIT Torino.

La "Pussetto&Pollano" gli ha trasmesso concetti fondamentali: rispetto, organizzazione, puntualità, pianificazione e comportamento.

Il grande mondo dell'edilizia lo affascinava sempre più.

In 4 anni di duro lavoro ha acquisito le competenze per essere un operaio qualificato.

Colto da un determinato desiderio di crescita personale decise di proseguire gli studi. Lavorava di giorno e studiava la notte fino a conseguire il diploma da Geometra nel 2005.

Incomincia il suo tirocinio in "Lamatilde" uno studio di progettazione di Torino e viene affiancato come tutor dal titolare Arch. Michele Cafarelli. Questo Studio è l'artefice del rinnovamento di esclusivi Hotel, negozi, case e ristoranti concentrati soprattutto nella città di Torino. Tra i progetti più recenti sono i punti vendita di cucina giapponese Japs! In Via Carlo Alberto – sushi e la tradizionale izakaya, il luogo del dopolavoro nipponico per eccellenza.

La pasticceria Gaudenti 1971 in via Po, un nuovo format che unisce la dimensione della pasticceria italiana a quella più internazionale della bakery.

EDIT Torino, il nuovo polo gastronomico dedicato al food e al beverage per gustare, sperimentare e condividere.

Il restyling di Villa Crespi, il ristorante stellato di Antonino Cannavacciuolo ad Orta San Giulio (NO).

Arch. Michele Cafarelli:

"Architetto e socio fondatore di Lamatilde s.r.l., general contractor e agenzia di consulenza rivolta alle imprese, con le quali collabora in tutte le fasi strategico-progettuali: dalla definizione del format imprenditoriale alla corporate identity, dal product design all'architettura.

Ha pubblicato per la Espress edizioni il libro Didesign: ovvero niente. Docente esterno al Politecnico di Torino nel Corso di Laurea in Design e Comunicazione Visiva. Tra le tematiche di studio e ricerca si evidenziano l'evoluzione del panorama del design internazionale dagli anni '50 al contemporaneo e l'identità visiva degli ecosistemi economici territoriali."

L'architetto Cafarelli è stato il suo secondo maestro e va a lui il merito per la creazione del brand "Sherlock Homes" il 1° Studio Immobiliare per chi cerca casa da ristrutturare in Italia.

Da lui ha imparato a realizzare progetti d'interni in 2D e 3D commissionati principalmente per edifici residenziali.

Oltre alla progettazione si occupa della fase di ristrutturazione e organizzazione delle squadre di cantiere.

Nel 2007 supera l'esame di Stato e si abilita alla professione da Geometra.

Nel gennaio 2008 fonda lo "Studio tecnico Emmetre architettura & design" insieme a suo fratello l'architetto Vito Minissale e un carissimo amico l'architetto Christian Mastrogiovanni. Compagni di viaggio verso una meta tutta inaspettata.

Arch. Vito Minissale

"L'Arch. Vito Minissale è una figura cardine che ricopre un ruolo polivalente nell'ambito sia commerciale che tecnico amministrativo. E' una figura autorevole che ha piene conoscenze di quelle che sono le normative edilizie nazionali e regionali. Specializzato nella riqualificazione energetica degli edifici residenziali."

Arch. Christian Mastrogiovanni

"L'Arch. Christian Mastrogiovanni è un grafico di spiccata creatività, una persona estroversa specializzata nella progettazione di interni."

Tra i progetti realizzati dallo Studio Emmetre, il primo padiglione nel centro storico di Lanzo Torinese per la pasticceria "Al Torcet" che produce i famigerati torcetti di Lanzo dal 1971.

Con il Team dello Studio oltre alle progettazioni per lavori di ristrutturazione si occupa a pieno di pratiche comunali e catastali connesse. Divengono un supporto tecnico in fase di compravendita per varie agenzie immobiliari legate ai gruppi italiani più importanti.

In continua formazione ottiene nel 2011 l'abilitazione di Geometra fiscalista con la qualifica di Centro Raccolta CAF a disposizione dei contribuenti italiani per le metodologie operative 730 – RED – ISEE. Affianca e indirizza i suoi clienti ad una corretta detrazione fiscale degli interventi agevolati eseguiti nelle ristrutturazioni delle case da lui riprogettate.

Nei primi anni di carriera professionale riceve un incarico da capo cantiere per la realizzazione di edifici residenziali in Torino e così la sua passione cantieristica lo coinvolse sempre più, quando conobbe la sua terza guida, l'Impresario edile *Giacomo Neve*.

Un costruttore che gli ha trasmesso i segreti più profondi e le malizie in ambito cantieristico. A lui il merito di averlo formato per un ruolo direttivo di grandissima responsabilità.

Impresario Neve Giacomo

"Un uomo dalle mille risorse con oltre quarant'anni d'esperienza nella realizzazione di edifici residenziali di pregio. Molti dei suoi interventi si possono ammirare in Liguria tra Bordighera e San Remo e nelle zone più appetibili di Torino".

Gli ha concesso l'opportunità di entrare in contatto con società prestigiose di Torino, tra cui "ARCASE group", "FUTURA *energy & technologica housing*" e "CA.VER".

Grazie a lui ha avuto l'onore di lavorare con direttori dei lavori come l'Arch. Mario Vay *"progettista del rinomato edificio residenziale - commerciale piazza Derna progetto vincitore di Architetture Rivelate 2007"*, gli **Architetti Derossi Paolo e Davide** figli del noto storico **Arch. Derossi Pietro** che ha animato la vita culturale di Torino.

Edificio Piazza Derna Torino
Arch. Mario Vay

Arch. Pietro Derossi

Arch. Derossi Pietro: *professore ordinario di progettazione architettonica alla facoltà di Architettura del Politecnico di Milano, visiting professor all'Architectural School dell'Architectural Association di Londra, professore a contratto al Pratt Institute e alla Columbia University di New York, professore a contratto della Facoltà di Architettura del Politecnico di Losanna, visiting professor* *alla Hochschüle der Künste di Berlino e responsabile scientifico della XIV Triennale di Milano.*

Eccovi menzionate le figure più rappresentative che hanno contribuito alla sua formazione professionale.

Spinto da un senso di dovere, prese la decisione di abilitarsi al ruolo di mediatore immobiliare con l'unico obiettivo di colmare le lacune che tuttora dimorano nel settore della mediazione immobiliare.

Preparato all'esame presso la struttura AGIFOR ha la fortuna di avere docenti altamente qualificati:

l'*Arch. Daniele Bovino " uno dei primi agenti professionisti della Grimaldi Immobiliare, la prima rete immobiliare italiana in franchising fondata nel 1980"*. Una persona squisita e un vero professionista con cui ha compreso punti di vista differenti del mercato immobiliare, con tutte le peculiarità che permettono l'incontro tra domanda e offerta.

Avv. Federica Lo Bianco

l'**Avv. Federica Lo Bianco**. *"laureata all'Università di Torino e abilitata alla professione forense"* Da lei ha appreso le nozioni di diritto in modo veramente intuitivo con esempi semplici e concreti, una vera professionista nel suo settore.

A fine 2017 Davide si abilita a pieni voti al ruolo di Mediatore Immobiliare presso la Camera di Commercio di Torino.

Negli ultimi 11 anni acquisisce piene competenze diventando un esperto Geometra che è partito dall'esperienza pratica sul campo.

In quest'ultima fase però si accorse che il ruolo da professionista "operativo" inizia a stargli un po' stretto.

La sua prima formazione imprenditoriale parte dalle nozioni apprese da imprenditori di successo tra cui Robert Toru Kiyosaki (uomo d'affari e autore americano noto per la sua serie di libri motivazionali e in particolare per il suo primo libro "Padre ricco, padre povero") , Alfio Bardolla (uno dei massimi esperti nel campo dello sviluppo personale in Italia, in comunicazione e sugli investimenti finanziari e immobiliari) e Lorenzo Ait (fondatore di Liquid Business Formula il primo incubatore e acceleratore di business liquidi al mondo) sono suoi mentori per i saggi consigli e i preziosi valori trasmessi.

Una sana ambizione e il desiderio di crescita personale lo spingono a sostenere corsi di formazione su marketing e comunicazione professionale basato solo sui RISULTATI e non sulla creatività fine a se stessa. In questo percorso e in continuo aggiornamento, impara precise strategie e tecniche che gli consentono di proporsi in modo etico trasmettendo il valore dei suoi servizi ai clienti.

Davide con Frank Merenda

Il suo mentore per questo scopo è Frank Merenda.

Un imprenditore italiano di fama internazionale, oltre che maggior esperto italiano in ambito di vendita professionale.

Celebre esperto di marketing e comunicazione che, partendo dalla sua esperienza pratica sul campo come imprenditore in differenti settori, divulga moltissime informazioni su vendita e marketing ai professionisti che vogliono far crescere la propria azienda. Può vantare la propria formazione con figure importanti del marketing quali Al Ries, Dan Kennedy e Jay Abraham.

Davide partecipa attivamente ai suoi eventi dal vivo incontrando diverse figure autorevoli e riconosciute sul panorama internazionale. Tra queste il canadese Charles Poliquin nell'estate 2018 a Parma.

Charles Poliquin è definito "il guru della forza" in tutto il mondo, un uomo veramente brillante e altruista.

In seguito alla sua recente e prematura scomparsa, Davide vuol farne memoria in questo suo libro per rendergli omaggio e onorarne il ricordo.

Gli insegnamenti di Charles vanno oltre una semplice palestra perché il suo percorso parte dal livello psicologico al massimo potere emotivo, fisico e spirituale per ottenere e concedere oltre il 100% di se stessi.

E' stato un riferimento anche per la sua profonda conoscenza del cibo per la salute e il benessere fisico. L'importanza dell'alimentazione e della forza lo testimonia il lavoro unico fatto con Michael Owen e Cristiano Ronaldo CR7.

Il mondo dello sport, dagli atleti agli addetti ai lavori, si è unito per ricordare il valore trasmesso da questa persona fuori dal comune. Charles Poliquin è stato molto di più di un semplice coach. Rimarrà per sempre il più grande preparatore atletico di tutti i tempi.

"Un onore e un'opportunità unica averlo potuto conoscere e stringergli la mano."

Grazie SENSEI!

Davide con Charles Poliquin

Davide coltiva una profonda attitudine a migliorare la vita altrui, ma soprattutto quella delle persone in procinto di acquistare una casa ideale e di fare uno degli investimenti più importanti della vita.

La "consapevolezza del problema" legato ai frequenti disagi constatati nelle mediazioni immobiliari in Italia gli ha fornito l'occasione che cercava per posizionarsi con una figura specifica.

Spinto ad evolversi con la giusta propulsione concede finalmente l'opportunità a tutti i suoi colleghi Geometri e Architetti di avvicinarsi in modo inattaccabile al settore immobiliare e gli fornisce tutti gli strumenti utili per operare in maniera efficace.

Nel 2019 fonda insieme al fratello Vito

"Sherlock Homes"

Il 1° Studio Immobiliare
per chi cerca casa
da ristrutturare
in Italia.

Con lui nasce una nuova categoria di professionisti o forse una nuova era...quella del Detective Immobiliare.

Sherlock Homes

Detective immobiliare

www.sherlockhomes.it – info@sherlockhomes.it

Lavora con noi

Sei un collega Geometra o Architetto e vuoi avvicinarti al settore immobiliare?

Servire ed aiutare gli acquirenti è una delle cose che ci rende orgogliosi di tutto il nostro percorso formativo svolto.

Ti forniremo gli strumenti utili per operare in maniera efficace ed inattaccabile.

Inviaci il tuo curriculum accompagnato da una e-mail di presentazione.

Colleghi Agenti

Il nostro modus operandi tende una mano a tutti i colleghi agenti immobiliari nella collaborazione.

Mettiamo gli interessi dei clienti al primo posto.

Per lo scambio dei dati utili al raggiungimento del reciproco obbiettivo, inviaci una e-mail informativa.

_ _ _ sulle tracce della tua casa ideale _ _ _

www.ingramcontent.com/pod-product-compliance
Lightning Source LLC
Chambersburg PA
CBHW070841250726
48662CB00003B/1316